Pedagogia da Ternura

Eder Vasconcelos

Pedagogia da Ternura

Via para o amor e a beleza

Dados Internacionais de Catalogação na Publicação (CIP)
Angélica Ilacqua CRB-8/7057

Vasconcelos, Eder
Pedagogia da ternura : via para o amor e a beleza / Eder Vasconcelos. – São Paulo : Paulinas, 2022.
88 p.

Bibliografia
ISBN 978-65-5808-161-6

1. Vida cristã - Ternura 2. Teologia 3. Espiritualidade 4. Testemunhos (Cristianismo) I. Título

22-1503 CDD 248.4

Índice para catálogo sistemático:

1. Vida cristã

1ª edição – 2022

Direção-geral: *Flávia Reginatto*
Editora responsável: *Marina Mendonça*
Copidesque: *Ana Cecilia Mari*
Coordenação de revisão: *Marina Mendonça*
Gerente de produção: *Felício Calegaro Neto*
Capa e diagramação: *Fernanda Matajs*
Imagem capa: *@Akesin@gmail.com/depositphotos.com*

Nenhuma parte desta obra poderá ser reproduzida ou transmitida por qualquer forma e/ou quaisquer meios (eletrônico ou mecânico, incluindo fotocópia e gravação) ou arquivada em qualquer sistema ou banco de dados sem permissão escrita da Editora. Direitos reservados.

Paulinas

Rua Dona Inácia Uchoa, 62
04110-020 – São Paulo – SP (Brasil)
Tel.: (11) 2125-3500
http://www.paulinas.com.br – editora@paulinas.com.br
Telemarketing e SAC: 0800-7010081

© Pia Sociedade Filhas de São Paulo – São Paulo, 2022

*"É olhando com amor e respeito
para as pessoas que podemos fazer
também nós a revolução da ternura.
E eu os convido a fazê-la,
a fazer essa revolução da ternura."*

Papa Francisco

*Para minhas irmãs da Pequena Fraternidade Franciscana,
por me ensinarem a gestar a ternura no útero do coração.*

SUMÁRIO

INTRODUÇÃO 11

1 TERNURA: A SEIVA DO AMOR 17
   Ternura e afeto 21
   O perfume da ternura 25
   Ternura: linguagem do corpo 30
   Ternura e felicidade 33

2 TERNURA: LINGUAGEM DOS PEQUENINOS ... 39
   Pai: mistério de ternura 42
   Olhar de ternura 47
   Um abraço de ternura 51
   Espiritualidade do abraço 56

3 TERNURA: VIA DO CUIDADO 65
   Ternura e fala amorosa 69
   Um coração cheio de ternura 72
   Ternura, suavidade e beleza 74
   Ternura e compaixão 79

CONCLUSÃO 83

REFERÊNCIAS BIBLIOGRÁFICAS 85

INTRODUÇÃO

Hoje, talvez se fale em demasia de crise. Crise social, existencial, ética, moral, ambiental, educacional etc. Crise em todos os sentidos. Mesmo diante desse cenário obscuro da crise e da barbárie, não podemos esquecer a ternura que está implícita em todas as ações que envolvem princípios e valores e afetam o âmago do coração humano.

Nesse contexto, o Papa Francisco diz certeiramente que "hoje temos necessidade de uma revolução da ternura". Já bem sabia o poeta Albert Camus, quando escreveu: "Sabiam agora que, se há qualquer coisa que se pode desejar sempre e obter algumas vezes, essa qualquer coisa é a ternura humana".

Diante da linguagem poética, pergunta-se: o que é ternura? Qual sua origem e significado? E, por fim, qual sua contribuição específica para a espiritualidade, ou melhor, para a convivência social e a vivência cristã?

Na obra *Teologia da ternura: um "evangelho" a descobrir*, o teólogo italiano Carlo Rochetta resgata com precisão o conceito de ternura:

O substantivo português "ternura" (do latim *teneritia*) evoca a ideia de algo mórbido, desprovido de dureza ou rigidez, e remete a um afeto interior vivido com participação viva, afetuosa e dinâmica. Não menos interessante é o adjetivo "terno", o qual supõe e implica uma atitude que orienta sair do eu para encontrar-se com o tu, tendendo para ele, em uma relação real de dedicação e reciprocidade (2002, p. 29-30).

A partir do conceito forjado pelo teólogo, pode-se conceituar a "pedagogia da ternura" como um caminho (via) que conduz a um afeto interior vivido no dinamismo vital da Trindade, que implica sair do próprio eu para encontrar com o tu em uma relação de reciprocidade e proximidade. Nesse sentido, a pedagogia da ternura é um movimento interior (*ad intra*) e exterior (*ad extra*). Há um trasbordamento de dentro para fora.

A pedagogia da ternura, como todo nosso mundo espiritual, reveste-se de um profundo conteúdo de mistério, ou seja, o mistério pessoal de cada um e o mistério inefável de Deus. Em seu bojo, a pedagogia da ternura almeja despertar um estilo de vida que implica uma atitude de crescimento e amadurecimento capaz de doar, acolher e compartilhar o precioso dom da vida com as pessoas que nos rodeiam.

Como viver a pedagogia da ternura em um mundo onde reinam a exclusão, a pobreza, a discriminação, o preconceito, o racismo, as guerras, a violência? Uma coisa é certa: fora da ternura não pode existir autêntica humanidade. A ausência da ternura pode nos conduzir à brutalidade, à barbárie e à insensibilidade.

Viver a existência com ternura não é um dado adquirido, mas uma escolha existencial de cada dia. Portanto, a pedagogia da ternura supõe um caminho a ser percorrido e, ao mesmo tempo, requer disciplina e organização, tanto no nível interno quanto externo. Ninguém nasce com o dom inato da ternura. É uma conquista que vamos adquirindo ao longo da existência, sempre com a ajuda dos outros.

Assim, em meio ao claro-escuro da existência e da crise advinda com a pós-modernidade, é mister para a pedagogia da ternura recuperar, resgatar a imagem esquecida do Deus bom, cheio de ternura, carinho e afeto.

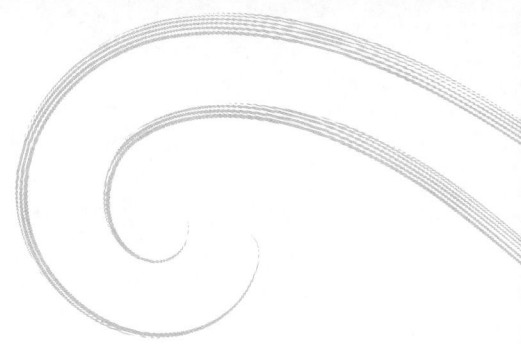

POR TODOS OS CAMINHOS

Por todos os caminhos tecia sua jornada
e por todos os cantos em que passava
de todos cuidava com ternura, carinho e amor.
Seu gesto era simples, suas palavras contagiavam,
seus olhos vívidos mostravam a atenção do Pai.
Seu corpo não se cansava para o gesto do cuidado.
Ele jamais se negava a mostrar a ternura de Deus.
Jesus de Nazaré assim viveu nos ensinando
a amar e a cuidar, nos ensinando a perdoar.
A todos que avistava, palavras de alento propagava.
A todos que acolhia, o colo de Deus oferecia.
Cada gesto seu: amor, cuidado, ternura...
Ele nos deixou como ensinamentos seus.

(Fábio Martins)

1
TERNURA: A SEIVA DO AMOR

A ternura é uma forma amorosa de amar e deixar-se amar. No verso 11 do Cântico Espiritual do místico São João da Cruz está escrito: "A doença de amor não se cura sem a presença e a figura". O amor é uma doença que só se cura com umas gotas da ternura essencial. O místico Angelus Silesius foi mais longe ao dizer: "O caminho mais breve para chegar a Deus é o caminho do amor". Parafraseando o místico pode-se dizer: o caminho mais breve para chegar a Deus é o caminho da ternura.

O teólogo brasileiro Leonardo Boff escreve: "A ternura é a seiva do amor. *Se quiseres guardar, fortalecer, dar sustentabilidade ao amor, seja terno para com o teu companheiro ou tua companheira.* Sem o azeite da ternura não se alimenta a chama sagrada do amor. Ela se apaga" (2015, p. 156-157). A ternura é a substância, o azeite do amor. E há quem diga que "a ternura é a irmã caçula do amor".

A escritora canadense Laure Conan escreve com exatidão: "Quem espera as grandes ocasiões para provar a sua ternura não sabe amar". A pedagogia da ternura chama-nos apenas para isto: amar com ternura. É o segredo para uma vida em plenitude.

O conselheiro espiritual Henri Nouwen, grande admirador de Madre Teresa de Calcutá, carregava dentro de si esta verdade genuína: "O que nos torna humanos não é a mente, mas o coração, não é a habilidade de pensar, mas a capacidade de amar". Madre Teresa, por sua vez, pedia: "Não ame pela beleza, pois um dia ela acaba. Não ame por admiração, pois um dia você se decepciona. Ame apenas, pois o tempo nunca pode acabar com um amor sem explicação". Não amar pela aparência. Não amar pela beleza física. Não amar pela posição social. Simplesmente *amar*.

Os padres, ou melhor, os pais do deserto, na habilidosa arte da orientação espiritual, ensinam que o que vale para a ternura vale também para o amor. Eis uma história, um dito, um apotegma, uma sabedoria antiga e sempre nova sobre o amor:

> Perguntaram a um grande mestre:
> – Quando o amor é verdadeiro?
> – Quando é fiel – foi a resposta.

– E quando é profundo?

– Quando é sofredor – foi a resposta.

– E como fala o amor?

A resposta foi:

– O amor não fala. O amor ama.

A pedagogia da ternura quer nos conduzir para uma estética espiritual do amor e da beleza para os dias atuais. Um grande desafio que requer empenho, ousadia, criatividade, sonho etc.

O Papa Francisco escreveu na sua conta do Twitter: "A ternura de Deus está presente na vida de tantos que cuidam dos doentes e sabem identificar suas necessidades com olhos cheios de amor". A ternura é sinal nítido do amor de Deus pelos pequenos e pobres. Ela acolhe os abandonados, os tristes, os excluídos e todos os sem-voz e sem-vez, sem jamais se cansar de amá-los. Para isso precisamos de olhos cheios de ternura!

O amor é essência, é a seiva da ternura. O monge budista e escritor Thich Nhat Hanh disse: "O amor é doce, terno e delicioso. Sem amor, a criança não consegue florescer, o adulto não amadurece. Na ausência desse sentimento, somos fracos, amargos" (2005, p. 97). O amor é profundo, belo e cheio de plena ternura, e sem ele não há crescimento nem amadurecimento, e o jardim da vida não floresce.

Fazendo uso da linguagem mística e poética, Paolo M. Arnaboldi deixou registrado em um manuscrito para a festa de Natal sua nobre concepção de ternura. Ele escreve com grande fineza e leveza:

> A ternura é harmonia e sinfonia de amor que toma toda a alma e o corpo de uma doce e intensa emoção que vibra; e se acalma depois em suave distensão de paz e intensa alegria. Nasce como síntese incônscia, embora atenta e reflexa, do esplendor do belo. A beleza é, com efeito, o fulgor do verdadeiro e do bem. E a ternura pode ter tons e degraus crescentes, até confinar com a alegria mais intensa e com o êxtase, à medida que explode de fontes mais altas e sempre mais sublimes (apud Rochetta, 2002, p. 383).

Ternura é harmonia e sinfonia do amor. Só uma pessoa integrada e pacificada pode vivenciar em sua alma tamanho sentimento de grandeza e beleza. É como um êxtase, um concerto musical convidando o universo inteiro a dançar na ponta dos pés a harmonia da ternura e a sinfonia do amor.

Mas, afinal, o que é ternura? Na obra *São Francisco de Assis: ternura e vigor*, Leonardo Boff responde dizendo: "A ternura é o lado feminino de cada pessoa; com ela somos capazes de sentir, de captar as mensagens da realidade, de cuidar de todas as coisas e das pessoas, como também de alimentar a dimensão espiritual da existência" (2012, p. 13). Portanto, cada pessoa humana carrega em seu DNA a marca registrada da ternura. Homem e mulher, masculino e feminino, somos todos portadores do germe, da semente da ternura.

RESPIRAR – PENSAR – AMAR – REZAR

Deus, fonte de toda ternura, que meu coração seja uma terra fértil para acolher as sementes do amor. Dá-me força, coragem e ânimo para regá-lo cada dia, a fim de que aos poucos ele se transforme em um belo jardim florido. Que meu coração seja um espaço de harmonia e sinfonia do teu amor.

TERNURA E AFETO

Para muitas pessoas, o conteúdo, o tema da ternura apresenta-se como algo por demais sentimental e melancólico. Reduzir a ternura a sentimentalismo ou simplesmente produto do subjetivismo é negar sua nobreza, seu valor autêntico e atual. A ternura não pode ser reduzida a um sentimento vago, impreciso. Leonardo Boff comenta:

> Ao contrário, a ternura irrompe quando a pessoa se descentra de si mesma, sai na direção do outro, sente o outro como outro, participa de sua existência, se deixa

tocar pela sua história de vida. O outro marca o sujeito. Esse se demora no outro não pelas sensações que lhe produz, mas por amor, pelo apreço de sua pessoa e pela valorização de sua vida e luta (2015, p. 157).

Não somos máquinas sem vida. Somos seres humanos desejosos daquilo que é o básico da vida: afeto e ternura. Charlie Chaplin, com muita precisão, escreveu: "Mais do que máquinas, precisamos de humanidade. Mais do que inteligência, precisamos de afeto e ternura". O que caracteriza nossa humanidade, nosso ser gente é a relação afetuosa e terna. Por isso, é urgente uma educação que leve em conta a perspectiva do afeto e da ternura. A expressão por excelência da ternura é o carinho, em que se acentua a proximidade física e o respeito ao outro. O carinho é uma das melhores formas de comunicação não verbal.

Ternura e afeto andam sempre lado a lado. Para Boff, "a ternura é o afeto que devotamos às pessoas nelas mesmas. É o cuidado sem obsessão. Ternura não é efeminação e renúncia de rigor. É um afeto que, à sua maneira, nos abre ao conhecimento do outro" (2015, p. 157). Ternura é afeto e cuidado sem compulsão, obsessão pelo outro.

Para o educador Luiz Schettini Filho, "educar sem afeto é esculpir uma face sem olhos nem ouvidos, sem paladar e sem as sensibilidades do tato, o que vale dizer: uma educação que não propicia a preparação da pessoa para o mundo" (2010, p. 15). A educação para o afeto passa essencialmente pelos nossos sentidos. Por isso, não precisamos ter medo nem vergonha de expressar nenhum afeto da forma como sentimos, contanto que ele seja verdadeiro para nós e para os outros. Se for maquiagem, mímica, não tem nenhuma utilidade. Contudo, ternura revela lucidez, firmeza e tenacidade. Não se deve confundir ternura com fraqueza.

A ternura nos incita a criar, a nutrir afeto e a estabelecer comunhão. Boff diz: "Na verdade, só conhecemos bem quando nutrimos afeto e nos sentimos envolvidos com a pessoa com quem queremos estabelecer comunhão. A ternura pode e deve conviver com o extremo empenho por uma causa". O médico e revolucionário Che Guevara nos brindou com uma sentença inspiradora: "Há que endurecer-se, mas sem jamais perder a ternura". Mesmo diante das durezas da vida, não podemos jamais perder a capacidade de ser ternura no coração da vida. "A ternura inclui a criatividade e a autorrealização da pessoa junto e através da pessoa amada", afirma Boff (2015, p. 158).

A ternura é delicadeza. O que é delicadeza? A filósofa italiana Luigina Mortari responde: "Delicadeza pode ser, porém, um modo de comportar-se que mantém o outro sob o olhar; mas a distância. Contudo, a delicadeza que se torna fonte de cuidado é aquela que é expressão de ternura" (2018, p. 250-251). A delicadeza parece estar em falta ou está fora de moda nos dias de hoje? A delicadeza, a ternura são inerentes a uma vida humana e espiritual autêntica.

No nosso tempo é necessário educar para o afeto, a ternura. Se não educarmos para a ternura, estaremos fadados aos mais altos requintes de crueldade, brutalidade e banalidade. É impossível formar pessoas para a vida sem uma educação que contemple a ternura na sua essência. "Educar sem ternura é utilizar mal o tempo e a oportunidade que poderiam mudar caminhos e sugerir novas trajetórias de vida", certifica Luiz Schettini Filho.

Toda nossa existência começa e termina com o desejo de afeto e cuidado. Dalai Lama se pergunta: "Visto que nossa vida começa e termina com a necessidade de afeto e cuidados, não seria sensato praticarmos a compaixão e o amor ao próximo enquanto podemos?". A prática da compaixão, do amor e da ternura cria um ambiente saudável, caloroso e de afirmação da vida.

RESPIRAR – HUMANIZAR – EDUCAR – REZAR

Senhor, colocaste dentro de mim o afeto. Sei o quanto ele é importante no longo processo educativo do ser humano. Sem afeto não há crescimento nem amadurecimento da pessoa. Ajuda-me a educar com afeto e para o afeto aqueles que me foram confiados.

O PERFUME DA TERNURA

O apóstolo Paulo, na Carta à comunidade de Corinto, faz uma bela afirmação: "De fato, somos para Deus o bom perfume de Cristo" (2 Coríntios 2,15). Somos o bom perfume de Cristo no mundo? O poeta e místico Rumi escreve com elegância: "Nossa maior grandeza está na suavidade e ternura de nosso coração". Um bom perfume não se reconhece pela marca, pelo rótulo que traz na caixa, mas pelo odor, pela suavidade que contém. Rumi captou muito bem essa suavidade para com o mistério. Na obra *Sede de Deus* encontra-se o poema "Tu és mais suave", que mostra uma alma que experimentou a suavidade, a doçura e a liberdade do Amado nestes versos:

Tu és mais suave que a manhã de cada dia
para as criaturas.
Tu és mais delicioso que o sono dos que, cansados,
habitam a noite.
Eu te encontrei em minha alma,
e me senti liberto
(2002, p. 68).

A ternura é como um jardim florido. Cada flor exala um perfume diferente. É preciso cultivar o jardim da ternura. Afeto, amor, compaixão, bondade, carinho são as sementes que precisamos para semear. Cada dia temos o dever de cuidar do jardim. Rumi, novamente dando voz à linguagem poética, refinada e polida, escreve: "O que é plantado na alma de cada pessoa um dia irá florescer". Nascemos para florescer e embelezar o jardim da existência. Você está cuidando do seu jardim? Você está espalhando o bom perfume?

O perfume, o odor, o cheiro fazem parte da essência da mística, da espiritualidade. Há um testemunho que começa assim: "Um místico desceu a montanha e, lá embaixo, encontrou-se com ateus que assim zombaram dele: 'Que coisas tu nos trazes da montanha, do jardim de delícias em que estavas?'. E o místico falou: 'Tive vontade de encher minha túnica de flores pra dar aos meus amigos, ao voltar; mas tão doce era o perfume do jardim que me esqueci até da própria túnica". O místico está completamente inebriado do perfume sagrado que esquece a própria túnica. Esquecer a túnica é mostrar a nudez, a própria verdade de si, tal como ela se apresenta.

O escritor e poeta francês Christian Bobin, com bom olfato e bom tato, mostra como o sabor, a fragrância e o perfume estão absorvidos no tecido da vida, das palavras e da poesia:

Busco a doçura profunda,
a que nunca ninguém viu,
e cuja existência não pode ser
posta em causa, pois é
a ela que devemos a beleza
perfumada dos jacintos,
a luz nos olhos espantados
dos animais e tudo o que,
sobre a terra e nos livros,
há de bom.

A cena de Lucas 7,36-50 nos convida a experimentar uma ternura hospitaleira, acolhedora. Uma mulher considerada pecadora entra de improviso na casa onde Jesus está. Ela traz consigo um frasco de alabastro com perfume. A cena é comovente! A mulher chora e com as lágrimas banha os pés de Jesus. Enxuga-os com os cabelos, cobre-os de beijos e unge-os com perfume.

Podemos intuir que a casa, o ambiente, ficou completamente inundada do cheiro do perfume. A cena é fantástica! Evoca atenção, afeto, acolhimento, carinho, respeito recíproco, amor e ternura por parte da mulher para com o Mestre e do Mestre para com a mulher. A cena é forte e chega a causar reação, inquietação em alguns, mas, quase no final da cena, Jesus faz uma declaração: "Os muitos pecados que ela cometeu estão perdoados, porque ela demonstrou muito amor".

Um bom perfume se sente no ar. Ele deixa um bom fluido, uma sensação agradável. Poeticamente, o místico Rabindranath Tagore (apud Secondin, 2004, p. 184) descreve com detalhes uma experiência espiritual por ele vivida:

Não sei há quanto tempo, longínquo,
te aproximaste de mim.
O Sol e as estrelas não podem
esconder-te para sempre.
Quantas vezes à noite e ao amanhecer
teus passos se fizeram ouvir
e teu enviado entrou em meu coração
e me chamou em segredo.
Não sei por que hoje minha vida
está assim tão agitada,
e uma sensação de alegria inquieta
perpassa o meu coração.
É como se tivesse chegado o tempo
de concluir o meu trabalho.
Sinto, tênue no ar, o perfume
de tua doce presença.

Somente com os sentidos aguçados podemos perceber, sentir o perfume da ternura impregnando o ser. A partir de sua experiência pessoal, Tagore pode dizer: "Sinto... o perfume de tua doce presença". Ternura é sentir a doce presença, que, com passos leves, vem fazer no nosso coração seu ninho de amor.

Não resta dúvida de que o perfume é um sinal importante da alegria de viver com ternura. Como escreve Bernard Marcadé sobre os perfumes, "são uma espécie de epifanias da alma". O perfume não tem apenas a finalidade de causar um odor sobre o corpo, a pele. Por meio dele, a alma também se manifesta.

A poeta Clarice Lispector descreve o nascer do dia em uma atmosfera de leveza, doçura e cheiro de perfume. Silêncio! Silêncio! E com os ouvidos aguçados usamos a poesia:

Uma luz muito doce se espalha sobre a Terra
como um perfume.
A Lua dilui-se lentamente e
um sol-menino espreguiça os braços translúcidos...
frescos murmúrios de água pura
que se abandonam aos declives.
Um par de asas dança na atmosfera rosada.
Silêncio, meus amigos. O dia vai nascer.

O nosso mundo precisa de poetas com a alma e o coração cheios de ternura que captem o invisível e lhe confiram visibilidade. Homens e mulheres que têm a capacidade de traduzir com linguagem simples a densidade da vida recriada. O poeta da ternura é movido pela sensibilidade. Com olhos abertos vê a vida dançando no grande palco do universo cósmico.

RESPIRAR – CHEIRAR – RELAXAR – REZAR

Senhor, é maravilhoso sentir o cheiro, a suavidade da tua presença. É como um bom perfume que fica impregnado no corpo e na alma. Desperta em nós o poeta adormecido para sermos verdadeiramente o bom perfume de Cristo no mundo.

TERNURA: LINGUAGEM DO CORPO

Jean Vanier, fundador da comunidade A Arca (*L'Arche*), escreve a partir de sua experiência com os mais vulneráveis, com quem ele partilha a vida no dia a dia:

> A ternura é a linguagem do corpo quando uma mãe abraça seu filho, quando uma enfermeira toca a ferida do paciente, ou quando um auxiliar dá banho em uma pessoa portadora de deficiências graves. [...] A ternura é a linguagem do corpo falando do respeito. Desse modo, o corpo honra qualquer coisa que lhe toque; ele honra a realidade (2002, p. 108).

"A ternura é a linguagem do corpo falando de respeito." Poderíamos dizer de outra maneira: a ternura é a linguagem do corpo que grita por respeito, afeição, cuidado etc. Nunca se viu tanto abuso e violência contra o corpo quanto nos dias atuais. Até mesmo a Igreja tem sido estigmatizada por esta triste e sofrida realidade por parte de alguns dos seus membros. Para tocar em alguém é preciso ter permissão, senão é pura agressão. Por isso, é preciso denunciar o assédio sexual e moral. O respeito é um valor, um pilar fundamental nas relações. Segundo Frédéric Lenoir: "Se o respeito pelo outro é um valor social quase impessoal, o amor, por sua vez, é um valor que tende a se manifestar na esfera das relações interpessoais" (2014, p. 138).

A dignidade e a integridade da pessoa estão alicerçadas no respeito. Por meio do respeito podemos construir relações maduras, verdadeiras, amicais. A criança, o jovem e o idoso, todos precisam ser respeitados. Na sociedade da indiferença e da insensibilidade, resta-nos pensar nas palavras do rabino Abraham Heschel: "O grau de sensibilidade diante do sofrimento humano indica o grau de humanidade que temos atingido". Somos sensíveis diante da dor e do sofrimento das pessoas?

Jean Vanier testemunha com simplicidade e sinceridade que: "Não há medo na ternura. A ternura não é fraqueza, falta de força ou pieguice; a ternura é repleta de força, respeito e sabedoria. Na ternura sabemos como e quando tocar alguém para ajudá-lo a ser e a ficar bem" (2002, p. 108). A ternura está repleta, cheia de força, respeito e sabedoria. Na ternura o medo não tem mais lugar. É como diz São João: "No amor não há medo" (1 João 4,18). "A ternura é uma palavra benéfica, é o antídoto contra o medo de Deus, pois no amor não há medo e a confiança vence o medo", assegura o Papa Francisco.

O teólogo brasileiro Renold Blank, na obra *A face mais íntima de Deus*, escreve: "Descobrimos que diante de Deus não precisamos ter medo, porque ele se aproxima de nós no sorriso de uma criança" (2011, p. 128). Quem pode ter medo do sorriso de uma pequena criança? A pedagogia da ternura tem a força de dissipar o medo, o ódio, a indiferença, a brutalidade etc.

A monja beneditina Joan Chittister aconselha: "Não tenha medo de ser carinhoso. A ternura é um laço mais forte do que o sangue, mais certo do que a eternidade, mais promissor do que a força. A ternura diz que estamos procurando pelo outro e que fomos encontrados" (2019, p. 46-47). A ternura nos incita a não ter medo de expressar carinho pelas pessoas que amamos. Em última análise, a ternura é um exercitar-se para o sublime, para o mistério humano e divino.

Portanto, a ternura possui fibra e faz resistência às causas justas. Ela mantém fidelidade às pessoas e assume posições sérias diante da vida. A verdadeira ternura é destemida, sustenta sempre a verdade, tem coragem e não compactua com a violência e os requintes de maldade e crueldade. Nesse sentido, a vivência da ternura é denúncia profética ante a exploração, a degradação do ser humano vulnerável e frágil. Cada ato de ternura ajuda na construção de um mundo mais justo, humano e fraterno.

RESPIRAR – TOCAR – RESPEITAR – REZAR

Querido Deus, que minhas mãos sejam suaves, leves, para tocar com profundo respeito o corpo das pessoas que tenho a tarefa, a missão de cuidar. Que não me falte amor, carinho, confiança e afeição para oferecer a quem precisar. Faz das minhas mãos as tuas mãos.

TERNURA E FELICIDADE

A modernidade trouxe enganadoras promessas de felicidade para o ser humano. Essas promessas repousam no dinheiro, na fama, na beleza física, no poder, na técnica etc. Esqueceu-se da alma, da interioridade. É bom nessas horas voltar a escutar o velho Sócrates: "Se queres ser feliz, cuida de tua alma: sejas bom, honesto e justo". Para Sócrates a felicidade consiste em cuidar da alma cultivando os valores da bondade, da honestidade e da justiça.

É sabido que a ternura está permeada pela leveza da linguagem poética. Em uma de suas poesias, Cecília Meireles declara: "Eu não necessito de um motivo especial para ser feliz. Felicidade são pedacinhos de ternura que colho aqui e ali". Nesse mesmo sentido, o jesuíta Anthony de Mello entende que "a verdadeira felicidade não tem causa. Você se sente feliz sem nenhuma razão. E não podemos perceber a verdadeira felicidade, pois ela não faz parte do domínio da consciência. É espontânea" (2012, p. 49). Felicidade é sem causa. São pedacinhos de ternura capturados, conquistados com simplicidade e espontaneidade.

Para os que buscam a felicidade desesperadamente, Edna Frigato aconselha: "Não procure felicidade na superfície, ela está enraizada nas miudezas, nos pequenos gestos de ternura". Nos pequenos gestos, pedacinhos de ternura, podemos encontrar a vida boa, a vida feliz. Podemos dizer, como a poeta Sophia de Mello Breyner Andresen, que: "A ternura funda nossa aliança com as coisas". A ternura é o caminho para a integração dos opostos, da sombra. Na ternura estamos ligados e interligados a tudo e a todos.

A pessoa feliz expressa ternura de várias maneiras. Uma dessas maneiras de expressá-la é pelo sorriso. Nada mais belo que o sorriso que brota do fundo da alma e é capaz de irradiar alegria, vitalidade e bondade. Victor Borge disse: "O sorriso é a distância mais curta entre as pessoas". E Karl Rahner, um dos maiores teólogos do século XX, deu ao sorriso um tom espiritual, quando disse: "O riso é uma glória de Deus, pois faz do ser humano um ser humano". O sorriso cria proximidade e nos torna demasiadamente humanos.

Assim, a ternura nasce quando a pessoa se descentra de si mesma, sai na direção do outro, sente o outro como outro, participa da sua existência, deixa-se tocar pela felicidade que aflora em seu rosto e coração.

RESPIRAR – ENCONTRAR – VIBRAR – REZAR

Pai querido, dá-me a capacidade de compreender que a felicidade eu só posso encontrar nos pedacinhos de ternura que vou colhendo ao longo do caminho. Que nunca me falte nos lábios um sorriso real e verdadeiro, expressão de minha felicidade interior para quem está mais próximo a mim.

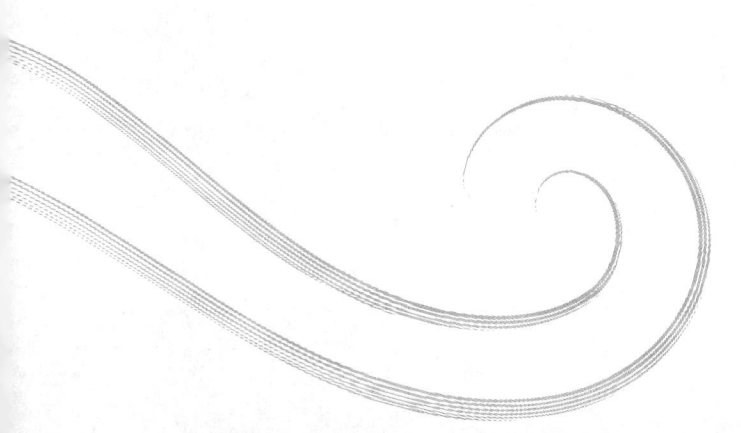

O SORRISO DE DEUS

De repente um sorriso que se abre como
uma flor diante da primavera
e todo o peso se torna leveza no toque da pureza
do sorriso de um bebê que olha com amor e docilidade.
A ternura da vida, dom de Deus, desliza suave como
a pele da criança nascida do amor.
Ainda que o mundo pese, ainda que a vida pese,
Deus sorri através de sua mais doce criatura e
nos mostra que sempre está conosco fazendo renascer
a Esperança todos os dias, como o terno sorriso de um
nenê ao raiar de um novo dia.

(Fábio Martins)

2
TERNURA: LINGUAGEM DOS PEQUENINOS

O Papa Francisco, dirigindo-se aos membros do Conselho de Representação da *Caritas Internationalis*, disse: "Hoje temos necessidade de uma revolução da ternura, em um mundo no qual domina a cultura do descarte, e, se eu descarto, não sei o que é a ternura". Porque a ternura é tão importante neste momento da história? O que ela tem de novo a dizer ao homem e à mulher do século XXI? Seria mais um termo, uma expressão, uma palavra a mais? Certamente não.

O Papa pergunta: "O que é a ternura?". E ele mesmo explica:

> É o amor que se faz próximo e concreto. É um movimento que parte do coração e que chega aos olhos, aos ouvidos e às mãos. A ternura é usar os olhos para ver o outro, usar os ouvidos para ouvir o outro, para escutar o grito dos pequenos, dos pobres, de quem teme o futuro; ouvir também o grito silencioso de nossa Casa Comum, da Terra contaminada e doente.

A ternura significa usar as mãos e o coração para acariciar o outro. Para cuidar do outro.[1]

A ternura se desdobra em um movimento atencioso e cuidadoso. Ternura é ouvir com o coração, falar com o coração, ver com o coração, sentir com o coração. Como dizia Santa Savina Petrilli: "A ternura é um traço especial da caridade", e Angelus Silesius endossa: "É com os braços da caridade que abraçamos a Deus". Cultivando a caridade terna somos capazes de amar a Deus e o próximo como a nós mesmos.

A mística da ternura e do carinho aparece nos escritos de diversos místicos e místicas. Nos escritos da carmelita Elisabete da Trindade, a mística do carinho está envolta por uma linguagem afetuosa e terna. Ela escreve: "Como é lindo sermos crianças do bom Deus, sempre deixar que ele nos carregue, descansar no seu amor". E continua: "É tão singela a intimidade com Deus, ela repousa mais do que importa, como uma criança que descansa sob o olhar da mãe". A criança, pela sua candura, é símbolo da vivacidade da ternura.

Em uma de suas homilias,[2] o Papa Francisco destacou que a ternura é a característica principal da relação de Deus

---

1 Videomensagem para a Conferência TED 2017, Vancouver, Canadá, 26 de abril de 2017.
2 Missa celebrada na Casa Santa Marta, Roma, em 14 de dezembro de 2017.

com a humanidade. Disse ele: "Parece que o nosso Deus quer cantar para nós uma canção de ninar. O nosso Deus é capaz disso. A sua ternura é assim: é pai e mãe. Muitas vezes diz: 'Se uma mãe se esquecer do filho, eu não o esquecerei'. Ele nos leva em suas vísceras". Como é gostoso voltar no tempo e recordar aquela canção de ninar que mamãe cantava para eu dormir! É a maravilha da ternura!

A mística da ternura e do carinho aparece no louvor do salmista, quando canta: "Antes, mantive minha alma apaziguada e quieta; como a criança amamentada no seio de sua mãe, como uma criança amamentada, assim minha alma dentro de mim" (Salmo 131,2). Outra imagem terna da criança amamentada no peito da mãe nos vem do profeta Isaías: "Porventura a mulher esquece a sua criança de peito, esquece de mostrar sua ternura ao filho da sua carne? Ainda que elas os esquecessem, eu não te esquecerei! Eis que nas palmas das minhas mãos eu te gravei" (Isaías 49,15-16).

A ternura carrega consigo uma linguagem materna-paterna, uma linguagem familiar, ou seja, dos pais para com os filhos pequenos. O Papa Francisco recorda:

> A ternura é a linguagem dos mais pequeninos, daqueles que têm necessidade do outro: uma criança afeiçoa-se ao pai e à mãe, reconhece-os através das

carícias, do olhar, da voz e da ternura. Eu gosto de ouvir quando o pai ou a mãe falam com seu filho mais pequenino, quando também eles se fazem crianças e falam à maneira do próprio filho. É nisso que consiste a ternura: em abaixar-se ao nível do outro.[3]

A linguagem afável e carinhosa demonstra a capacidade de o adulto não deixar morrer a criança divina que o habita no seu núcleo mais íntimo, no *self*.

RESPIRAR – CANTAR – ACARICIAR – REZAR

Deus Pai-Mãe, sinto-me como uma criancinha no teu colo a escutar, na hora de dormir, aquela cantiga de ninar que só tu sabes cantar, tocar, murmurar. Minha alma fica em grande paz e sossego. Como é bom ser tua criança amada e no colo carregada. Obrigado, meu bom Deus, porque me amas com amor materno!

PAI: MISTÉRIO DE TERNURA

Em uma audiência,[4] o Papa Francisco aproveitou para recordar aos participantes do evento que "a ternura é um

---

[3] Videomensagem para a Conferência TED 2017, Vancouver, Canadá, 26 de abril de 2017.
[4] Audiência aos participantes do Congresso "A teologia da ternura no Papa Francisco", Sala Clementina, Vaticano, em 13 de setembro de 2017.

existencial concreto bom para traduzir em nossos tempos o afeto que o Senhor sente por nós". Nesse mesmo encontro, enfatizou: "A ternura indica o nosso modo de acolher hoje a misericórdia divina. Ela nos revela, junto ao rosto paterno, o rosto materno de Deus, de um Deus apaixonado pelo ser humano, que nos ama com um amor que é infinitamente maior do que o amor de uma mãe pelo seu filho". A ternura é o jeito, o estilo de como acolhemos o abraço da misericórdia divina na vida pessoal e social.

Em sua reflexão teológica, Renold Blank diz que Deus se revela na humanidade como uma criança indefesa que conosco vem trilhar os caminhos da ternura e do amor. É um Deus pequeno abdicado de todo poder, capaz de caber em nossas mãos. Blank tece ainda um feliz e sábio comentário:

> Na sua mais clara Revelação a nós, Deus manifestou-se como criança, para que todos os seres humanos, enfim, compreendessem que os seus caminhos não são aqueles do poder, mas os da ternura e do amor. Ao tornar-se homem não na figura de um imperador poderoso, mas na forma de uma criança indefesa, Deus nos informa, de maneira indiscutível, que ele não se interessa pelos mecanismos de poder. Abdicando de todo poder, porém, esse Deus assume um

risco incalculável. Ele se entrega a nós e se põe em nossas mãos (2011, p. 129).

Deus se revela a nós como uma criança frágil, contudo, cheia de amor e ternura. Vem ao mundo despida, nua de todo desejo de poder, ostentação e glória. É o Deus humilde e pobre que se faz carne para armar sua tenda entre nós. O que importa para essa criança: amar e ser amada.

Em sua infinita ternura, Deus "se faz pequeno para nos entender, para fazer com que tenhamos confiança nele e possamos dizer-lhe com a coragem de Paulo, que muda a palavra e diz: 'Papai, *Abba*. Papai'... É a ternura de Deus", comenta o Papa Francisco.[5]

O profeta Isaías nos oferece uma belíssima imagem do Pai carinhoso e cheio de ternura para com seus filhos e filhas, a qual nos faz pensar em Deus como nosso Pai-Mãe. Da boca do profeta ecoam estas palavras: "Ouçam-me, casa de Jacó, resto da casa de Israel, vocês que eu carrego desde que nasceram, e carrego no colo desde o ventre materno. Até à velhice de vocês eu serei o mesmo. Até que vocês se cubram de cabelos brancos, eu continuarei a carregá-los. Já fiz isso e continuarei a fazê-lo: eu os carregarei e os salvarei" (Isaías 46,3-4).

---

5 Disponível em: https://www.acidigital.com/noticias/papa-francisco-destaca-a-ternura-de-deus-e-convida-a-chama-lo-de-papai-51378.

Este é nosso Deus. Um Deus que cuida, carrega no colo, contempla com afeição a obra de suas entranhas. Essa compreensão foi o que levou o Papa João Paulo I a afirmar: "Deus é Pai, mais ainda, é Mãe (*Mama*, no texto em italiano). [...] E se os filhos estão doentes, têm motivos de sobra para que a Mãe os anime" (apud Silanes, 2005, p. 104).

Todos os seres humanos são capazes de viver ternamente consigo mesmos e com os outros. O Papa Francisco acredita que o ser humano é capaz de ternura, quando diz:

> Se Deus é ternura infinita, o ser humano, criado à sua imagem, é também capaz de ternura. A ternura é o primeiro passo para superar o fechamento de si mesmo e sair do egocentrismo que deturpa a liberdade humana. A ternura de Deus nos leva a entender que o amor é o sentido da vida.[6]

A ternura é a chave para compreendermos que o amor dá sentido à vida. Uma vida sem amor, sem ternura, é uma vida sem sentido.

Deus tem tanto apreço pelos seus que ele se desdobra em cuidados especiais. A Primeira Carta de Pedro atesta: "Coloquem nas mãos de Deus qualquer preocupação, pois é ele

---

6 Disponível em: https://www.vaticannews.va/pt/papa/news/2018-09/papa-ternura-derramar-mundo-amor-recebido-de-deus.html.

quem cuida de vocês" (1 Pedro 5,7). E o profeta Isaías diz também: "Como um pastor, apascenta o seu rebanho, com seu braço ele carrega, ele carrega ao colo os cordeirinhos, e conduz a lugar fresco as ovelhas que amamentam" (Isaías 40,11). Nosso Deus é o cuidador da vida principalmente dos mais frágeis e pequeninos.

Seguindo o pensamento do Papa Francisco, ternura significa "abaixar-se ao nível do outro como Deus fez conosco. A ternura é o caminho que percorreram as mulheres e homens corajosos e fortes. A ternura não é fraqueza, é fortaleza".[7] Ternura é o jeito, a maneira própria de como Deus age na vida de cada pessoa e na história da humanidade.

Jesus aprendeu a ternura de seu Pai, a quem ele chama de *Abba*, que quer dizer "Paizinho querido". No decorrer de sua caminhada, Jesus, o Filho querido, vai revelando que seu Pai-Mãe é um mistério que transborda carinho e ternura. Ele se apropria da linguagem do Pai quando diz a seus discípulos: "Não temas, pequenino rebanho, porque vosso Pai decidiu dar-vos o reino" (Lucas 12,32). A ternura de Deus encarnou-se na pessoa, no ser de Jesus de Nazaré. A ternura de Jesus é evidenciada nos Evangelhos, em contextos e maneiras diferentes de ele exercer seu ministério.

---

7 Videomensagem para a Conferência TED 2017, Vancouver, Canadá, 26 de abril de 2017.

RESPIRAR – CONFIAR – CUIDAR– REZAR

Bendigo-te, ó Pai, porque tu és mistério de ternura. Jesus veio revelar que em ti reside o segredo da ternura. Quando ele te chamava de *Abba*, "Papazinho querido", ele estava nos ensinando a sermos filhos de um Pai que se desdobra em atenção e zelo. Bendito sejas, porque desde o ventre materno cuida de nós com ternura, carinho e afeição!

OLHAR DE TERNURA

O teólogo brasileiro Rubem Alves mostra com muita sutileza o que é a mística do olhar, do olhar sereno e contemplativo. Com maestria ele escreve:

> A visão de uma criança adormecida nos acalma. Faz-nos meditar. O olhar se detém. Acaricia vagarosamente. O olhar se torna, então, uma experiência poética de felicidade. Sentimos que a criança que vemos dormindo no berço dorme também na nossa alma. E a alma fica tranquila, como a criança. É por isso que, mesmo depois de apagada a luz, ida a imagem física, vai conosco a imagem poética como uma experiência de ternura (2015, p. 36).

O mundo se comunica através do olhar. Os seres humanos falam, comunicam-se com o olhar. Assim disse o poeta Mario Quintana: "Quem não compreende um olhar tampouco compreenderá uma longa explicação". E Marta Souza acrescenta: "É preciso ter ternura no olhar para enxergar as belezas da vida". Se não temos ternura no olhar, só enxergamos as coisas feias da vida. Por isso, precisamos de bons olhos para vislumbrar o instante, o agora, o quase invisível.

O grande educador Jean Piaget dizia: "Quando olho uma criança, ela me inspira dois sentimentos, ternura pelo que é e respeito pelo que posso ser". Ternura e respeito são sentimentos nobres de um ser humano pelo outro. Quando você olha uma criança, quais são os sentimentos que ela inspira?

O poeta português Sebastião Gama, no belíssimo "Pequeno poema", narra com habilidade o dia de seu nascimento, tão profundamente marcado pelo olhar terno e contemplativo de sua mãe:

Quando eu nasci,
ficou tudo como estava.
Nem homens cortaram veias,
nem o Sol escureceu,
nem houve Estrelas a mais...
Somente,
esquecida das dores,
a minha Mãe sorriu e agradeceu.
Quando eu nasci,
não houve nada de novo,
senão eu.

As nuvens não se espantaram,
não enlouqueceu ninguém...
P'ra que o dia fosse enorme,
bastava toda a ternura que olhava
nos olhos de minha Mãe
(1945, p. 14).

São João disse: "Deus é Amor". E eu digo: Deus é Ternura. Nós, humanos, dizemos que a sua ternura é comparada à ternura de uma mãe cuidando e olhando atentamente para seu bebê recém-nascido enquanto todos dormem. Mãe é símbolo, expressão da mais genuína ternura. As mães se parecem com Deus no jeito de amar e cuidar.

A memória tem a função de preservar uma infância marcada pela ternura e pelo carinho. George Eliot lembra: "No homem cuja infância conheceu carinhos, há sempre um fundo de memória que pode ser despertado para a ternura". A vida começa com o despertar. Hoje, mais do que nunca precisamos despertar para a vida, mistério de ternura.

O sacerdote e escritor Ernesto Cardenal diz: "Nós podemos nos comunicar com um olhar ou com um sorriso, com um suspiro ou com ações". O olhar terno é uma bela forma de comunicação não verbal. Nós podemos nos comunicar de muitas formas, se abrirmos espaços em nós para os outros.

Para onde está voltado, fixado seu olhar? Qual é seu foco, sua meta, sua direção? O poeta Rumi, na poesia-oração "Meu olhar fixo na eternidade", reza:

Ó tu, que consolas meu coração
no tempo da dor!
Ó tu, que és o tesouro de meu espírito
na amargura da ausência!
Aquilo que a imaginação não concebe,
o que o entendimento não viu,
a partir de ti visita minha alma;
por isso me volto a ti em adoração.
Por tua graça mantenho o meu olhar
amoroso fixo na eternidade
(2002, p. 145).

As crianças são contemplativas por natureza. Rubem Alves observa que "o olhar das crianças é pasmado! Veem o que nunca tinham visto!". O olhar das crianças é cheio de espanto, admiração. Nesse sentido, pode-se dizer que elas são filósofas, místicas, poetas que captam com precisão o valor das coisas simples.

Para o filósofo Novalis, "o fresco olhar da criança é mais transcendente que o pressentimento do mais resoluto dos visionários". Nós perdemos a arte de admiração e contemplação tão presente nas crianças. Não devemos deixar morrer a criança divina que há em cada um de nós. Ela precisa ser protegida, cuidada, nutrida e valorizada. Como adultos, diariamente deveríamos exercitar a sábia oração escrita por Adélia Prado: "Meu Deus, me dá cinco anos, me dá a mão, me cura de ser grande".

RESPIRAR – OLHAR – ADMIRAR – REZAR

Querido Deus, se os olhos das crianças refletem tua face amorosa, bondosa e carinhosa, dá-me um olhar como o delas, cheio de espanto, admiração, pureza e inocência. E, se algum dia meu olhar ficar embaçado, recupera-me a visão para ver o mundo sempre pasmado e admirado.

UM ABRAÇO DE TERNURA

Na obra *A mística do instante*, o teólogo e escritor José Tolentino Mendonça pergunta: "O que é um abraço?". A partir da pergunta, ele passa a descrevê-lo:

> Se calhar, a primeira forma do primeiro abraço que demos foi apenas um agarrar-se para não cair. No entanto, pouco a pouco, num processo paciente onde os corpos fazem a aprendizagem de si (e do amor), o abraço deixa de ser uma coisa que você me dá ou que eu lhe dou, e surge um lugar novo, um lugar que ainda não existia no mundo e juntos encontramos (2016, p. 62).

O abraço nos faz iguais e nos humaniza. De forma simbólica, é um elo, é uma conexão, um momento em que nossos corações estão mais próximos e se comunicam. O abraço fala uma linguagem particular e ao mesmo tempo universal. Abraçados, apoiamo-nos uns nos outros. Para um abraço ser terapêutico, ele deve ser verdadeiro. O falso abraço não passa de pura etiqueta sem valor. Quando abraçamos com o corpo e o coração inteiro, estamos fazendo bem a nós mesmos e aos outros. Quantos abraços você costuma dar durante o dia ou durante a semana? Que importância eles têm para você?

Nas nossas celebrações litúrgicas, quantas e quantas vezes cantamos: "A tua ternura, Senhor, vem me abraçar. E a tua bondade infinita, me perdoar. Vou ser o teu seguidor e te dar o meu coração. Eu quero sentir o calor de tuas mãos". A música, o canto expressam o desejo de ser abraçado pela divina ternura. Cantamos com o coração e com convicção: "A tua ternura, Senhor, vem me abraçar". Como é bom e prazeroso sentir que somos abraçados pela ternura sagrada de Deus!

O abraço é uma expressão de ternura, afeto e carinho. Todavia, ele não é um costume presente em todas as culturas. Thich Nhat Hanh conta uma experiência que marcou sua trajetória de vida e prática meditativa:

> Em 1966, uma amiga me levou ao aeroporto de Atlanta. Quando nos despedíamos, ela perguntou:

"Eu posso abraçar um monge budista?". No meu país, não costumamos nos expressar dessa maneira, mas eu pensei: "Sou professor de zen. Eu não deveria ter qualquer problema em relação a isso". E respondi: "Por que não?". E ela me abraçou, mas eu fiquei um pouco paralisado. No avião, fiquei pensando que, se queria trabalhar com amigos ocidentais, deveria aprender a cultura do Ocidente. Por isso inventei a meditação do abraço (2015, p. 28-29).

Em que consiste a meditação do abraço? Quais seus benefícios para as relações cotidianas e a prática espiritual? Thich Nhat Hanh explica passo a passo como exercitar-se nesse estilo de meditação, em que se conjuga a sabedoria do Oriente e do Ocidente. O mestre zen diz:

> A meditação do abraço é um mistura de Oriente e Ocidente. De acordo com tal prática, devemos abraçar o outro de verdade. Devemos ter ele ou ela verdadeiramente nos braços – e não apenas para manter a aparência, dando um palmadinha nas costas, mas respirando de maneira consciente e abraçando-o(a) com todo o nosso corpo, espírito e coração. Inspirando, eu percebo que o ser amado está em meus braços, vivo. Expirando, sei que ele é precioso para mim. Respirando profundamente, a energia de seu cuidado e apre-

ciação penetrarão a outra pessoa, que será nutrida e desabrochará como uma flor (2015, p. 28-29).

A meditação do abraço só acontece quando o abraço é verdadeiro, sincero e real. Dito de outro modo, a meditação do abraço se consuma quando temos alguém totalmente em nossos braços. Sentir o outro como outro. Quantos abraços falsos apenas para manter a aparência! Um abraço etiquetado não tem sentido. Só abraçamos de verdade nossos amigos, pessoas que amamos. Na meditação do abraço sentimos que somos corpo e que esse corpo tem energia, vida, vibração, impulsos etc.

Muitos pais, para compensar sua ausência do lar, enchem os filhos de presentes. Se tais pais soubessem que, no fundo, seus filhos não querem presentes caros e de última geração, eles jamais fariam isso. O verdadeiro presente que muitos filhos gostariam de receber de seus pais é simplesmente um abraço demorado, cheio de amor e carinho. Presente não mata a saudade, a carência, a ausência. O poeta brasileiro Mario Quintana nos presenteou com uma pérola raríssima: "Abraçar é dizer com as mãos o que a boca não consegue, porque nem sempre existe palavra para dizer tudo". Abraçar é simplesmente dizer, falar com as mãos. Abraçar é discursar sem palavras.

No Evangelho de Marcos, nós nos deparamos com uma cena um tanto constrangedora, mas a ternura de Jesus é capaz de superar o constrangimento. O evangelista narra: "Depois disso, alguns levaram crianças para que Jesus tocasse nelas. Mas os discípulos as reprendiam. Vendo isso, Jesus ficou zangado e disse: 'Deixem as crianças vir a mim. Não lhes proíbam, porque o Reino de Deus pertence a elas. Eu garanto a vocês: quem não receber como criança o Reino de Deus, nunca entrará nele'. Então, Jesus abraçou as crianças e abençoou-as, pondo a mão sobre elas" (Marcos 10,13-16).

Jesus, movido pela ternura, deixa-se envolver pelas crianças, abraçando-as carinhosamente e abençoando-as. Ele sabe que elas são exemplo de simplicidade, confiança, transparência e disponibilidade. Ao tocar as crianças com o abraço, Jesus restitui a dignidade e o valor da criança, símbolo das pessoas marginalizadas, que, na sua pureza, estão aptas para acolher o Reino de Deus. Com esse gesto, Jesus quebra o gelo, a frieza, o preconceito, o protocolo. É bonito ver esse gesto de Jesus se repetindo nos gestos do Papa Francisco, ao abraçar e beijar as crianças, os pobres e os enfermos.

RESPIRAR – VIBRAR – MEDITAR – REZAR

Ó Deus, criaste o abraço como uma forma de manter viva a comunhão entre nós. No abraço não existe mais a solidão. Estamos presentes um para o outro. Em um abraço verdadeiro, todo rancor, toda mágoa se desfaz. Obrigado, Senhor, pela magia do abraço terno, meditativo e compassivo!

ESPIRITUALIDADE DO ABRAÇO

Joan Chittister, monja beneditina e escritora, propõe para nosso tempo uma espiritualidade do abraço que inclua a santificação dos nossos sentimentos. Ela escreve enfaticamente:

> O que precisamos desenvolver em nosso tempo é uma espiritualidade do abraço, a santificação dos sentimentos. Ouvimos dizer que o maior destes é o amor, mas realmente não acreditamos nisso. Não no nível do racional. Ouvimos dizer que devemos estar prontos a oferecer repetidamente a outra face, mas não nos arriscamos. Não em um nível social. E, no entanto, até que tenhamos a graça de regurgitar à vista da brutalidade onde quer que ela esteja, que esperança podemos eventualmente ter em relação ao êxito do grande experimento da divindade – a mente de Deus no coração humano? (2017, p. 113).

A tecnologia moderna ergue barreiras quase intransponíveis; um abraço as derruba. A linguagem do abraço é a linguagem do coração. Para abraçar é necessário uma atitude aberta e um sincero desejo de receber o outro em nossa vida. O abraço é uma afirmação muito humana de ser querido, amado e de ter valor. É inegável o poder salutar de um abraço cheio de afeto. Hoje ele é recomendado para prevenir: mau humor, estresse, depressão, melancolia, tristeza, sentimento de vazio interior e até indiferença. O abraço é um ato de encontro de si mesmo e do outro. Como nesta poesia de Virginia Marrachinho:

Abraço...

Onde a saudade acalma e o amor envolve...
Onde a dor adormece e a ternura acontece...
Onde o carinho se revela e a alma se eleva...
Abraço... Onde tudo cabe!

O poeta e romancista Victor Hugo escreveu: "Os braços de uma mãe são feitos de ternura e os filhos dormem profundamente neles". E a filósofa brasileira Viviane Mosé, no poema intitulado "Um abraço para meu filho", descreve exatamente o que Victor Hugo acabou de citar:

Escrevo
E experimento a sensação
De que um dia meu filho, já velho,
Lerá estas páginas sem saber
Que dormia em meu colo
Enquanto escrevo.
Na tentativa de capturar
Este instante que foge
Agora escrevo, meu filho,
Somente para te mandar
Este abraço no futuro.
Um abraço apertado

Dizendo vai, segue adiante.
Viver é sempre o mais importante.

Quanta ternura cabe em um abraço maternal, fonte de amor e de carinho? É impossível calcular, medir. O abraço da mãe acalma a alma e aquece o coração. No abraço materno não existe fingimento e muito menos falsidade. A mãe não abraça com os braços. Abraça com o coração e a alma. Seu abraço é semelhante àquele da misericórdia de Deus para com seu filho mais novo (Lucas 15,20). "Temo a tua natureza; ela está demasiado cheia do leite da ternura humana para que seja capaz de seguir o caminho mais curto", constatou William Shakespeare.

Se de fato queremos construir novas relações onde nossos sentimentos não sejam mais reprimidos por falsas armadilhas, urge criar uma espiritualidade do abraço terno e amical. No abraço tocamos o corpo, a alma do outro. Já não somos um, mas dois corpos que se comunicam em silêncio. A espiritualidade do abraço confirma que nossa pele está ligada ao todo que somos. Não abraçamos só com os braços, mas com o corpo, com o ser na sua inteireza. Chittister fundamenta que:

> A espiritualidade do abraço depende de nossa disposição em pôr um fim às armadilhas do falso intelectualismo, do racionalismo, do patriarcado, de

modo que tanto o homem quanto a mulher possam recorrer às suas emoções sem se envergonhar, e ser guiados por seus sentimentos mais nobres sem medo (2017, p. 113).

A espiritualidade do abraço não é sonho; é uma necessidade premente para os nossos dias, em que a violência, a indiferença, o preconceito, o ódio são alimentados por grupos fundamentalistas. Chittister declara ainda: "O tempo de abraçar é agora, antes que a autonomia destrua a comunidade e nos deixe menos humanos, ao final de nosso processo evolutivo, do que quando começamos. Adoração do racional não funciona. Apenas o abraço pode nos salvar agora" (2017, p. 114). A adoração do racional, isto é, da "deusa razão", desabou com a modernidade e a pós-modernidade.

O tempo de abraçar é agora. Abrace agora! Recordo que algum tempo atrás fui convidado para orientar um retiro espiritual em uma comunidade. O tema do retiro era: "Olhar para o irmão com o olhar de Cristo". Durante o retiro fiz uma dinâmica com o grupo. Pedi que cada um ficasse cara a cara, frente a frente, com o outro. Não era necessário dizer nada. Apenas olhar!

Em questão de segundos percebi que a maioria estava se abraçando e chorando. E foram muitas lágrimas. Fiquei perplexo. E, por um instante, me perguntei o que eu tinha feito de errado. O que estava acontecendo realmente com aquelas pessoas. Logo percebi que a comunidade estava sofrendo muito. Tinha muitas pessoas feridas e magoadas umas com as outras. A dinâmica, que tinha o objetivo apenas de "olhar" o rosto, a face do outro, tomou a forma de uma terapia do abraço e da reconciliação.

A antiga sabedoria popular cunhou esta bela expressão: "Há coisas que não se dizem com palavras". Um abraço, um beijo, um olhar não necessitam de palavras. Só podemos sentir as sensações no corpo, na alma, no coração. Thich Nhat Hanh tem toda razão ao propor a prática da meditação do abraço como uma alternativa para apaziguar os conflitos e auxiliar no processo de reconciliação. Ele ensina:

> Quando abraçamos alguém, nossos corações se conectam e entendemos que não somos seres isolados. Abraçar com consciência plena pode nos proporcionar reconciliação, cura, entendimento e muita felicidade. A prática do abraço consciente já ajudou muitas reconciliações entre pais e filhos, mães e filhas, entre amigos e vários tipos de relacionamentos (2015, p. 122).

O Papa Francisco conhece a força da ternura nas relações pessoais e interpessoais. Por isso, repetidas vezes diz: "Ternura é proximidade, e proximidade é tocar, abraçar, consolar, não ter medo da carne, porque Deus tomou a carne humana, e a carne de Cristo são hoje os descartados, os deslocados, as vítimas das guerras". Ternura é estar próximo para tocar com respeito, abraçar com afeto e consolar com compaixão. No calor de um abraço amigo é revelada a mesma ternura com que Jesus acolhia as pessoas que dele se aproximavam. O Papa chama a ternura de "ciência da carícia" e resume seu pensamento assim: "A 'ciência da carícia' manifesta dois pilares do amor: a proximidade e a ternura".[8]

Em *Abraçar o futuro com esperança*, Amedeo Cencini, sacerdote e psicólogo, engendra uma reflexão lúcida e repleta de sensibilidade a partir do verbo "abraçar". Reflexão que fundamenta tanto a meditação do abraço quanto a espiritualidade. Escutemos o que diz o psicólogo italiano:

> Na realidade, todos nós precisamos abraçar e ser abraçados, porque nada pode substituir um abraço verdadeiro, sincero, oferecido com todo o coração e afeto, para superar certo temor do outro e sentir-se acolhido e acolhedores. É a magia do abraço, no qual não se

---

8 Missa na Casa Santa Marta, em 7 de junho de 2013.

pode saber distinguir quem abraça e quem é abraçado, como se os dois tivessem se tornado uma única pessoa. Do abraço como ícone perfeito e muito humano da reciprocidade relacional, mas também ícone maximamente expressivo da Trindade Santíssima, se é verdade, como dizem os padres, que o Espírito Santo é o abraço do Pai ao Filho e do Filho ao Pai: abraço tão intenso que se torna pessoa! (2019, p. 37-38).

Assim, o abraço é ícone, imagem da reciprocidade relacional entre homens e mulheres, mas é também ícone máximo do abraço tão imenso e intenso da Santíssima Trindade, que nos acolhe em sua beleza e ternura trinitária. Além disso, o abraço é ícone da intimidade e do amor.

RESPIRAR – ABRAÇAR – PERDOAR – REZAR

Trindade Santa, Pai e Filho e Espírito Santo, nosso coração pulsa forte porque estamos inclusos, imersos no teu imenso abraço carinhoso. No teu abraço somos um com tudo e com todos. Ó beleza admirável! Ó formosura eterna! A ti nosso canto e louvor.

O AMOR É CUIDADO DE DEUS

Com ternura entremos nos corações alheios.
Cuidemos uns dos outros, com afago e com jeito.
Sejamos a mão do jardineiro cuidando da flor.
Sejamos a mão enamorada que toca suavemente
o mundo do outro e acolhe suas dores e dúvidas.
Aprendamos com o cuidado de Deus e amemos
a tudo e a todos indistintamente e
façamos deste mundo um lugar diferente:
de amor, ternura e cuidado por toda a gente.

(Fábio Martins)

3
TERNURA: VIA DO CUIDADO

Sem cuidado e sem ternura, a vida não floresce. O cuidado é essencial na vida do ser humano. Sem a dimensão cuidadora, o ser humano se faria inumano. Dizendo de outra forma: somos dependentes de amor e de cuidado. A educadora Maria Cândida Moraes expõe de forma simples e clara essa realidade tão humana:

> Somos dependentes do amor para que possamos viver e sobreviver. Ao dar e receber amor nos sentimos privilegiados, eleitos e honrados pela vida. Dependemos da intimidade suave e geradora de saúde e bem-estar. Dependemos também da ternura, daquela capacidade de dobrar-se sobre o outro, de cuidar do outro para fortalecê-lo. Sem cuidado e sem ternura, a vida não floresce (2003, p. 278).

A educadora e filósofa americana Nel Noddings diz algo muito verdadeiro sobre o cuidado: "Toda pessoa gostaria de ser objeto de cuidado e o mundo seria um lugar melhor se todos nós cuidássemos uns dos outros" (apud Mortari, 2018, p. 7). Temos a responsabilidade de cuidar não apenas de nós mesmos como dos outros também. É preciso dizer que não se pode evitar de olhar para si mesmo, pois não existe cuidado pelo outro quando não se cuida de si mesmo. Muitas pessoas se desdobram em cuidados pelo outro, mas esquecem de si mesmas. O cuidado deve ser sempre recíproco.

Luigina Mortari traduz o sentido do cuidado com a vida e pela vida com estas palavras: "Cuidar da vida é, portanto, assumir também o empenho de transformar o possível em atual, de modo a realizar uma vida que faça florescer o melhor do humano e que, como tal, seja digna de ser vivida" (2018, p. 23). Uma vida cuidada é uma vida plena de sentido. A ternura vital é sinônimo de cuidado essencial. O exercício da ternura é essencial para desenvolver atitudes de cuidado.

Hoje, muitos jovens sofrem com a ausência de sentido. Muitos, não encontrando ninguém para partilhar seu sofrimento profundo, apelam para o suicídio. Todavia, não podemos esquecer que o cuidado passa necessariamente pela atenção à dor alheia. Mortari argumenta: "O cuidado como atenção pelo outro, como solicitude a favorecer o bem-estar do outro, é condição indispensável para uma vida boa" (2018, p. 50). A procura, a busca do bem é o coração da ética. "O bem existe, é a essência da vida", sintetiza Anthony de Mello. A ternura ética preserva a humanidade de buscar o bem e a dignidade. A ternura leva a pessoa a sentir-se gente.

Anselm Grün, monge beneditino e escritor atento às grandes transformações do mundo moderno, conhece profundamente o anseio das pessoas, especialmente dos jovens. Ele comenta:

> No meio do mundo onde predomina a violência, os jovens anseiam por um modelo diferente de relação, com uma atmosfera de ternura. Surgem uma cultura e um estilo de vida próprios da cultura, pois esta é a arte de lidar carinhosamente com as pessoas, a natureza e as coisas (2015, p. 82).

Portanto, sentimos a urgência de resgatar a dimensão do cuidado em nossa sociedade egocêntrica, narcisista. O cuidado é fonte geradora de sentido. Mortari faz uma constatação pertinente, ao dizer que: "O cuidado pode parecer uma prática estranha ao nosso tempo, em virtude do forte individualismo atual" (2018, p. 199). O cuidado torna o ser humano aberto, sensível, solidário, cordial e conectado com tudo e com todas as criaturas neste imenso universo, assim como Francisco de Assis, o irmão cheio de ternura e vigor.

Para Leonardo Boff, o "cuidado é uma atitude de relação amorosa, suave, amigável, harmoniosa e protetora para a realidade pessoal, social e ambiental" (2012, p. 34-35). O cuidado está relacionado a questões vitais da existência. Cuidar e ser cuidado são duas realidades inerentes a nossa condição humana. Boff é categórico: "Cuidar é mais que um ato; é uma atitude". A atitude do cuidado se desdobra em preocupação, estima e senso de responsabilidade por todas as coisas. Saber cuidar vem do amor e da ternura.

O cuidador, a cuidadora é alguém imbuído de um grande espírito de responsabilidade, compreensão, solidariedade e ternura. Os seres humanos e todos os seres vivos dependem do cuidado para continuarem a existir no planeta Terra, a Casa Comum de todos. O cuidado é hoje uma dimensão esquecida pela humanidade. Urge resgatá-lo como dimensão da ternura essencial.

RESPIRAR – ESTIMAR – CUIDAR – REZAR

Senhor, temos a certeza de que, se cuidamos uns dos outros, este mundo pode ser melhor e mais bonito. Coloca em nosso coração o desejo do cuidado de nós mesmos, do outro e da criação. Peço-te: faz de cada um de nós mestres na arte de cuidar da vida.

TERNURA E FALA AMOROSA

A pedagogia da ternura quer nos introduzir no processo educativo de elaborar uma fala mais amorosa. Nossa linguagem às vezes é dura, seca e áspera. Com a fala amorosa tocamos o cerne das pessoas, suas emoções, sentimentos etc. Thich Nhat Hanh, como mestre zen, sabe o quanto a fala amorosa é benéfica para uma comunicação verdadeira e profunda. Ele escreve:

> Como diz um ditado vietnamita, "não custa nada falar amorosamente". Basta escolher as palavras com cuidado para fazer outras pessoas muito felizes. O nosso jeito de falar e escutar pode proporcionar aos demais alegria, felicidade, autoconfiança, esperança, confiança e esclarecimento (2006, p. 146).

Na fala amorosa é necessário saber escutar um ao outro. Luigina Mortari acentua: "Sem escuta, de fato, não existe compreensão" (2018, p. 218). A maneira como falamos e escutamos as pessoas cria um ambiente agradável e saudável. Nós precisamos diariamente exercitar a fala amorosa, compreensiva e educada. Assim, a escuta profunda e a palavra carinhosa têm poder de transformar o amargo em doce. Mortari também se pergunta: "Mas como deve ser a palavra que cuida? Uma palavra simples, sem rebuscamentos retóricos; uma palavra que pertence à ordem da verdade" (2018, p. 221). A palavra cuidadora ou fala amorosa deve ser simples e requer cuidado no modo de pronunciá-la, pois pertence à ordem da verdade na caridade.

Quais são as palavras essenciais para gerar um diálogo terno e amoroso? Com sabedoria e inteligência, Mortari propõe:

> As palavras simples são, também, as mais essenciais: cuidado, obrigado, bem, verdade. Usar de delicadeza nas palavras não significa reduzir o poder de sentido delas, mas é cuidar para que o peso daquilo que se diz possa ser acolhido por quem escuta e, assim, contribuir para um processo transformador da pessoa (2018, p. 222).

Em uma leitura atenta, minuciosa e crítica da realidade hodierna, ousamos repetir o que diz o monge zen e ativista da paz Thich Nhat Hanh:

> Em nossa sociedade, muita gente perdeu a capacidade de escutar e falar amorosamente. Em muitas famílias ninguém consegue escutar ninguém; a comunicação tornou-se impossível. Este é o maior problema da atualidade. Nunca na história humana tivemos

tantos meios de comunicação – televisão, rádio, telefone, fax, internet, correio eletrônico –, porém ficamos como ilha, com escassa comunicação real entre os familiares, entre as pessoas na sociedade e entre as nações (2006, p. 146-147).

Com o advento da comunicação virtual, a sociedade perdeu a capacidade de escutar e falar amorosamente. Hoje, as redes sociais estão contaminadas por palavras duras, asquerosas. Palavras carregadas de ódio, intrigas, ofensas que não passam de *fake news* (notícias falsas). Há uma frase de Cora Coralina que diz: "Apesar dos espinhos, carrego dentro de mim toda fé na ternura". Apesar dos impasses, dos atropelos, não devemos perder a confiança na ternura. O filósofo Jean Jaques Rousseau sabiamente declarou: "O homem que não conhece a dor, não conhece a ternura da humanidade". A consciência da dor de si e do mundo leva-nos a conhecer o fluxo da ternura espalhada no coração das pessoas e da humanidade inteira.

Thich Nhat Hanh ensinava para seus discípulos e em suas conferências pelo mundo afora que:

> A fala amorosa é um importante aspecto da prática. Nós dizemos apenas coisas amorosas. Dizemos a verdade com amor, sem violência. Isto só é possível

quando estamos calmos. Quando estamos irritados podemos dizer coisas destrutivas. Logo, não devemos dizer nada quando estamos irritados (2006, p. 149).

A palavra que falamos, pronunciamos, é um pedaço, uma parte de nós, seja ela construtiva ou destrutiva. A fala pode ser *bem-dita* ou *mal-dita*. Se nossa fala é bendita, criamos amorosidade, e, se for maldita, criamos uma atmosfera destrutiva. Como é a nossa fala com aqueles que estão mais próximos de nós? O que nossa fala revela?

RESPIRAR – FALAR – ESCUTAR – REZAR

Senhor, abre sempre minha boca para dizer uma palavra amorosa. Palavra que constrói e edifica. Que antes de falar eu saiba escutar com os ouvidos e com o coração aberto. Suaviza toda palavra dura que fere e machuca. Dá-me sempre palavras benditas na hora certa e no momento certo.

UM CORAÇÃO CHEIO DE TERNURA

A ternura vem do coração. O teólogo Francesc Torralba diz: "A palavra que não sai do coração é uma palavra vazia que, ao contrário de revelar o que realmente somos, oculta nossa verdadeira essência" (2015, p. 65-66). A palavra só vem carregada de ternura se ela brota do coração. O útero da ternura é o coração. Sem coração não há ternura.

A filósofa Luigina Mortari, sem rodeios, confirma: "Um coração terno sabe dar espaço ao outro porque se modifica, tornando-se capaz de acolher o perfil do outro; enquanto a dureza de coração cria distância, desconfiança e induz a sentimentos negativos" (2018, p. 251).

Sinto que o coração de meus amigos foi possuído pela força da ternura. Tudo neles e nelas é pura ternura. Sueli Matochi não hesita em dizer: "Amigos são poemas de ternura que Deus escreve no coração da gente. Ah, quantos poemas de ternura temos escritos no coração!".

A pedagogia da ternura quer nos ajudar a criar relações novas com as pessoas e com a criação, e até mesmo com as mais pequeninas criaturas. Somos únicos na teia da vida. Resta-nos um espírito dinâmico e criativo para criar e recriar a vida no momento presente. A vida está toda no presente.

A monja Coen, em seus ensinamentos, diz: "Cabe a nós, a cada um de nós, criar esse relacionamento de carinho com a vida, de ternura com todos os seres, de compreensão, de sabedoria e compaixão para percebermos o Caminho Iluminado. Isso é dar vida à nossa própria vida". A ternura é proximidade que se revela como intuição do coração, vê fundo, cria intimidade, comunhão, participação e libertação.

A ternura é um sentimento que gera encantamento e admiração. Um coração petrificado não é capaz de encanto e espanto diante de um simples e singelo gesto de ternura. Sueli Matochi revela: "Encanta-me a simplicidade dos gestos, a ternura que tem no coração. O seu sorriso encandeia tanta beleza que meus olhos não cansam de admirar".

O frade franciscano Ignácio Larrañaga resume sua concepção de "ternura da vida" assim: "Dom divino que permite contemplar as fontes da existência em seu frescor original". A ternura é dom a ser acolhido, doado e compartilhado. Ternura é também dom a ser contemplado com os olhos de uma criança.

RESPIRAR – CONTEMPLAR – DOAR – REZAR

Deus, fonte de vida plena, alarga meu coração para que seja um espaço de vitalidade, acolhida e compaixão. Enche-o do dom divino da ternura para ver, olhar e contemplar todos os seres com teus olhos. Altíssimo e bom Senhor, cria em mim um novo coração sedento de tua Palavra.

TERNURA, SUAVIDADE E BELEZA

Suavidade e beleza são setas que indicam o caminho para a ternura primordial. Como é bom ficar algumas horas ao lado de pessoas que têm mãos suaves, fala mansa e olhos que sabem contemplar a beleza da vida presente nas coisas mais simples do cotidiano. Essas pessoas são transmissoras de paz, quietude e sossego.

A beleza é a via, o caminho para a ternura. O filósofo Jean-Luc Nancy diz: "Ora, se a beleza existe, ela deve ser sensível, perceptível de um modo ou de outro" (2012, p. 8). Carlo Rocheta afirma: "A via da beleza (*via pulchritudinis*) é a via própria, e imprescindível e estrutural para a experiência da ternura" (2002, p. 442). Agostinho, o bispo de Hipona, tem plena razão ao escrever: "Não podemos amar senão aquilo que é belo". Contudo, ninguém pode negar que a feiura pode também se manifestar no espaço da beleza. Frédéric Lenoir, em suas reflexões, constata:

> A feiura do mundo é uma das consequências diretas da crise sistêmica sofrida pelo planeta. Degradado pela feiura dos loteamentos na periferia das cidades, do bombardeio publicitário, da propaganda selvagem, do barulho, nosso ambiente deixa de ser para muitos cidadãos um local de prazer, de desenvolvimento, de contemplação, de despertar e de voltar às origens (2014, p. 146).

O feio que tenta impor-se na sociedade atual perde toda sua força diante da sentença do escritor russo Fiódor Dostoiévski: "A beleza salvará o mundo". E Dionísio, o Areopagita, completa: "A beleza é um dos nomes de Deus... Deus nos conceda participar de sua beleza". A beleza redimirá o mundo da feiura. Michelangelo também nos presenteia com uma pérola: "A beleza é a purificação do supérfluo". A beleza, com seu fulgor, salva o mundo da superficialidade, do fútil e do banal.

Não podemos viver alheios à beleza. É como diz Jean-Luc Nancy: "Viver sem beleza é viver, como muitas vezes na nossa vida, em função das necessidades imediatas. Mas de vez em quando ouvimos o apelo da beleza completamente silencioso, no entanto, ouvimos algo" (2012, p. 28). Esse sentimento de ternura é um modo de ser e viver que afeta todas as dimensões da pessoa.

Tornar a beleza bem comum não só da sociedade, como também de toda a humanidade, constitui um desafio de imensa grandeza. O filósofo e sociólogo Frédéric Lenoir sustenta: "Fazer da beleza um bem comum de toda a sociedade é para nossa época uma exigência de primeira grandeza". A beleza concebida como bem comum, ou seja, bem de todos, e não apenas dos que têm dinheiro, fama e poder.

Carlo Rochetta, com poucas palavras, resume sua reflexão teológica sobre o tema da ternura como via da beleza:

Um conteúdo fundamental em ordem ao discurso da educação para a ternura é dado pela beleza. O amor que tende ao belo é já ternura. A ternura, de fato, não é senão a estética espiritual do amor, sua dimensão mais alta, e se realiza sempre como reflexo e ato de beleza (2002, p. 442).

Para a pedagogia da ternura fica evidente que o amor que se inclina para o belo já é amor. A ternura, nesse sentido, constitui-se como a estética espiritual do amor na sua dimensão mais elevada. Essa estética espiritual tem como modelo a ternura de Deus-Trindade. A tarefa fundante da pedagogia da ternura é colocar em relevo a beleza dos divinos Três no coração do mundo.

Anselm Grün escreve: "Beleza, contudo, é muito mais do que aparência. Um corpo é belo quando, por meio dele, se expressa uma alma bela. E, em última análise, o ser humano é belo quando se olha com amor" (2016, p. 12). Muitos vivem uma ilusão da beleza. Acreditam que ela está em um corpo "sarado", esculpido nas academias. Outras pessoas pensam que, vivendo como anoréxicas, terão uma beleza esplêndida. Pura ilusão. A anorexia nunca será um caminho saudável para a estética do belo.

Na sociedade atual muitas pessoas parecem confinadas ao seu mundinho virtual, onde mais facilmente podem expor sua "beleza sutil" através de dezenas, centenas de fotos, vídeos postados em questão de segundos no Facebook, Instagram, Twitter etc. Essas pessoas preferem o mundo virtual ao real. O belo é um convite à abertura ao novo. O belo cria novas relações, reais, pessoais: Eu-Tu. Em outras palavras, o belo é um convite a sair de si e ir ao encontro do outro. Estamos vivendo uma crise da beleza. Nós, cristãos do século XXI, precisamos deixar uma marca que seja testemunho da autêntica e verdadeira beleza terna no mundo. Rochetta deixa claro:

> Quem não sabe abrir-se ao belo, em todas suas formas; quem não sabe ficar atônito com as maravilhas que lhe circundam; quem não sabe olhar as realidades do cosmos além do seu aspecto fenomênico e não sabe colher nos olhos de uma criança o esplendor do universo inteiro, nunca será capaz de ternura (2002, p. 443).

Quem não sabe abrir-se e colher o belo por meio de um sorriso estampado no rosto de uma criança, jamais conhecerá o mistério da ternura. O escritor Bernard Fontenelle experimentou o encanto do belo e da ternura, dizendo-o de forma agradável: "É a beleza que começa a agradar e a ternura completa o encanto". O belo agrada e a ternura enche o coração de encantamento e admiração. Assim, a educação para a ternura passa necessariamente pela porta da beleza.

RESPIRAR – SILENCIAR – SUAVIZAR – REZAR

Ó Pai, dá-me um silêncio orante para contemplar a suavidade da beleza. Não é possível contemplar o belo em meio ao barulho ruidoso. Nesse silêncio serei capaz de experimentar a beleza em meu próprio ser. Em meio ao feio, torna-me um amante do belo.

TERNURA E COMPAIXÃO

A origem da palavra "compaixão" é muito próxima da palavra "ternura". Existe cumplicidade entre as palavras. "Esta é a origem da palavra *compaixão* (*com-paixão* = paixão, sofrer, sofrer com, sofrer com as outras pessoas), explica Henri Nouwen" (2012, p. 96). A ternura é paixão pela vida, mas é também compaixão por todos os sofredores da Terra. A ternura e a compaixão nos levam a reconhecer humildemente o mistério da fragilidade do outro que busca abrigo, acolhida e amparo, sobretudo no nosso coração.

O monge e místico do século XX Thomas Merton explica: "Toda a ideia da compaixão é baseada em uma percepção aguçada da interdependência de todos os seres vivos, de que todos somos partes uns dos outros e envolvidos uns nos outros". Na dimensão da ternura e da compaixão, tudo está interconectado, interligado ao todo e a todas as formas de vida. Permanecemos vivos por essa rede de relacionamentos.

Ternura e compaixão são companheiras e caminham lado a lado na mesma estrada. Malu Silva diz: "A vida, a todo instante, clama para que a olhemos com ternura e compaixão". A vida necessita ser olhada com os olhos da ternura e da compaixão. "Só pela compaixão se pode ser bom", disse Joseph Joubert. E eu digo: só pela ternura se pode ser bom.

A ternura e a compaixão são sentimentos muito nobres e evangélicos, porque expressam que a dor alheia nos afeta e nos leva a fazer nossa parte, na medida do possível, para eliminá-la ou, pelo menos, aliviá-la. Leva-nos também a lutar contra suas causas, sintomas. Desmond Tutu diz: "O sonho de Deus é que você, eu e todos nós percebamos que somos uma família, que somos feitos para estarmos juntos, para a bondade e para a compaixão". Um pouco de ternura torna a vida mais leve e descomplicada. O sonho de Deus é este: fomos feitos para a bondade e a compaixão. Irmã Dulce dos Pobres percebeu perfeitamente o sonho de Deus, uma vez que dizia para as pessoas: "Simplesmente ame, porque nada nem ninguém podem acabar com um amor sem explicação".

Da boca do salmista ecoa este canto de recordação: "Recordai, Senhor, meu Deus, vossa ternura e a vossa compaixão que são eternas!" (Salmo 24,6). Ser terno e compassivo é ser sensível, é tratar com afeto, amabilidade, bondade e lealdade.

Olhar o mundo e as pessoas com ternura é um ato de generosidade. "Quando entendemos que olhar o próximo com ternura e se importar verdadeiramente com o outro (qualquer outro) é o ato mais generoso do ser humano..., entendemos tudo", assim se expressa Adriana Mayer. Na ternura a vida renasce! Na ternura a vida floresce! Na ternura o encanto ressurge! Basta prestar atenção em uma criança recém-nascida. Tagore, com a finura de um poeta, dizia: "Cada criança que nasce é uma prova de que Deus ainda não perdeu as esperanças em relação à humanidade". Deus em nenhum momento perde a esperança naqueles que sonham com a vida plena.

Em uma conversa com o jornalista e escritor Thomas Leoncici, o Papa Francisco expressa livremente seu desejo: "Gostaria de ver jovens ambiciosos, corajosos, anticonformistas e revolucionários da ternura". Onde estão os jovens chamados a ser os revolucionários da ternura no século XXI? É possível ser revolucionário da ternura na Igreja, na sociedade e no mundo, hoje?

Assim, com ternura e compaixão compartilhamos a paixão, a dor, o sofrimento do outro. Não assumimos o sofrimento para nós, mas, na ternura compassiva, ajudamos a amenizar o mal-estar que o outro está vivenciando em seu corpo ou em sua mente.

RESPIRAR – AMPARAR – SONHAR – REZAR

Deus amigo e companheiro, há muitos gritos por ternura e compaixão em nosso mundo. Precisamos urgentemente de revolucionários e profetas da ternura e da compaixão. Sonhamos teu sonho, mas ainda somos poucos, frágeis e pequenos. Na força do teu Espírito, leva-nos para o coração do mundo como autênticas testemunhas da ternura e da compaixão.

CONCLUSÃO

O desejo de escrever sobre a ternura surgiu da expressiva fala do Santo Padre, o Papa Francisco: "Sede revolucionários da ternura". O Papa, com seus simples atos e singelos gestos de ternura, me impulsionou a tecer as reflexões contidas nesta pequena obra. Espero que ela tenha despertado em você a gratuidade, a acolhida pela ternura que se faz dom e compromisso com a vida e pela vida.

Tenho plena convicção de que, com a pedagogia da ternura, podemos deixar neste mundo as nossas impressões digitais, ou seja, a nossa marca única e original. Bem sabemos que não podemos ensinar a ternura; ela só pode ser testemunhada. Ela vem do coração e vai à direção do outro. A pedagogia da ternura é via, caminho para experimentar a emanação da beleza do coração de Deus-Trindade.

Todavia, para alcançar a maturidade humana e espiritual, contamos com o auxílio da pedagogia da ternura, que nos leva a reconhecer que necessitamos uns dos outros para viver e conviver na grande "teia da vida". A ternura enche nossos olhos de amor, admiração e espanto para contemplar a beleza da vida presente em cada pessoa, na criação e nas mais ínfimas criaturas saídas das mãos do divino Criador.

Querido leitor, querida leitora!

Em última análise, a pedagogia da ternura, como via para o amor e a beleza, é isto: flexibilidade, permeabilidade, abertura de coração, disponibilidade à mudança, constituindo-se como rosto concreto, real, em uma alteridade afetiva que se faz benevolência, afabilidade, solidariedade, compaixão e proximidade.

E você, que nestas páginas foi conduzido, guiado pela pedagogia da ternura, receba meu imenso abraço amoroso, delicado e terno.

REFERÊNCIAS BIBLIOGRÁFICAS

ALVES, Rubem. *Ostra feliz não faz pérola*. São Paulo: Planeta, 2014.

BOFF, Leonardo. *Direitos do coração*: como reverdecer o deserto. São Paulo: Paulus, 2015.

_____. *O cuidado necessário*. Petrópolis: Vozes, 2015.

_____. *São Francisco*: ternura e vigor. Petrópolis: Vozes, 2012.

BLANK, Renold. *A face mais íntima de Deus*. São Paulo: Paulus, 2011.

CENCINI, Amedeo. *Abraçar o futuro com esperança*: o amanhã da vida consagrada. São Paulo: Paulinas, 2019.

CHITTISTER, Joan. *Canções do coração*: reflexões sobre os salmos. São Paulo: Paulinas, 2019.

_____. *Para tudo há um tempo*: sabedoria do Eclesiastes para compreender o sentido da vida. Petrópolis: Vozes, 2017.

FERNÁNDEZ, Eva. *O papa da ternura*. São Paulo: Paulinas, 2021.

GAMA, Sebastião. Pequeno poema. In: SANTOS, José Ribeiro dos; NEVES, Mário (Dir.). *Aqui e além*, Lisboa, n. 3, p. 14, dez. 1945.

GRÜN, Anselm. *Beleza*: uma espiritualidade da alegria de viver. Petrópolis: Vozes, 2016.

HANH, Thich Nhat. *A arte de amar*. Rio de Janeiro: Agir, 2015.

_____. *Ensinamentos sobre o amor*. Rio de Janeiro: Sextante, 2005.

_____. *O segredo do encontro*: 25 atitudes para um bom relacionamento consigo mesmo, com as pessoas e com Deus. Petrópolis: Vozes, 2015.

_____. *Serenando a mente*: o olhar budista sobre o medo e o terrorismo. Petrópolis: Vozes, 2007.

LARRAÑAGA, Ignácio. *O sentido da vida*: orações e reflexões para cada dia do ano. São Paulo: Paulinas, 2005.

LENOIR, Frédéric. *A cura do mundo*. São Paulo: Loyola, 2014.

MELLO DE, Anthony. *Apelo ao amor*. São Paulo: Loyola, 2012.

MENDONÇA, José Tolentino. *A mística do instante*: o tempo e a promessa. São Paulo: Paulinas, 2016.

MORAES, M. C. *Educar na biologia do amor e da solidariedade*. Petrópolis: Vozes, 2003.

NANCY, Jean-Luc. *Beleza*: o que é, como se faz. São Paulo: Loyola, 2012.

NOUWEN, Henri. *A formação espiritual*: seguindo os movimentos do Espírito. Petrópolis: Vozes, 2012.

ROCHETTA, Carlo. *Teologia da ternura*: um "evangelho" a descobrir. São Paulo: Paulus: 2002.

SCHETTINI FILHO, Luiz. *Pedagogia da ternura*. Petrópolis: Vozes, 2010.

SECONDINE, Bruno. *Leitura orante da Palavra*: *Lectio divina* em comunidade e na paróquia. São Paulo: Paulinas, 2004.

SILANES, Nereo. *O dom de Deus*: a Trindade em nossa vida. São Paulo: Paulinas, 2005.

TORRALBA, Francesc. *O valor de ter valores*. Petrópolis: Vozes, 2015.

VANIER, Jean. *Despertar do ser*. São Paulo: Verus, 2002.

Rua Dona Inácia Uchoa, 62
04110-020 – São Paulo – SP (Brasil)
Tel.: (11) 2125-3500
http://www.paulinas.com.br – editora@paulinas.com.br
Telemarketing e SAC: 0800-7010081